Thermo Multikocher Kochbuch

Köstliche Rezepte für den Thermo Multikocher

Gerichte Welt

Inhaltsverzeichnis

Vorwort

Du besitzt eine Thermo Küchenmaschine und möchtest leckere und neue Rezepte ausprobieren? Dann zeigt dir dieses Kochbuch genau diese.

In diesem Kochbuch erwarten dich herzhafte und süße Rezepte für deinen Thermo Multikocher. Einfach blättern, Rezepte deiner Wahl heraussuchen, nachkochen und einfach genießen.

Wir wünschen dir viel Freude mit diesem Kochbuch.

Herzhafte Thermo Multikocher Gerichte

Herrlicher Gyros Eintopf

Zutaten für 4 Portionen:

- 600 g Gyros
- Öl zum Anbraten
- 20 g Öl
- 30 g Tomatenmark
- 130 g Champignons, in dicken Scheiben
- 400 g Kartoffeln, festkochend, in Würfel geschnitten
- 1 Paprika, rot, in Streifen geschnitten
- 400 g gehackte Dosentomaten
- 1 kleine Zucchini, in mundgerechte Stücke geschnitten
- 400 g warmes Wasser
- 1 EL Gemüsebrühpulver
- 1 TL Oregano
- 1/2 TL Thymian
- 1 TL Salz
- 1 Prise Pfeffer

Zubereitung:

1. Das küchenfertige Gyrosfleisch in einer Pfanne mit Öl schön anbraten.
2. Öl mit Tomatenmark und Champignons in den Mixtopf geben, 3 Minuten | 120°C | Linkslauf | Sanftrührstufe dünsten.
3. Gyrosfleisch, Kartoffeln, Paprikaschoten, Dosentomaten, Zucchini, Wasser, Gemüsebrühpulver, Oregano, Thymian, Salz und Pfeffer zugeben, 25 Minuten | 100°C | Linkslauf | Sanftrührstufe garen.
4. Nochmals abschmecken und nach Belieben mit Schmand getoppt genießen.
5. Guten Appetit.

Süßkartoffelauflauf

Zutaten für 5 Portionen:

- 600 g Süßkartoffeln
- 250 g Champignons, braun oder weiß
- 1 kleine Stange Lauch
- 1 Knoblauchzehe
- 1 EL Olivenöl
- 1 EL Butter
- 200 g Wasser
- 1 TL Gemüsebrühpulver
- 400 g Creme Fraiche
- 1 TL Salz
- 1/2 TL Pfeffer
- 5 Zweige Thymian
- 1 TL Speisestärke in etwas Wasser angerührt
- 40 g geriebenen Gouda oder Mozzarella
- 40 g Parmesan, gerieben

Zubereitung:

1. Backofen auf 190 Grad Ober-Unterhitze vorheizen. Eine Auflaufform gut einfetten.
2. Die Süßkartoffeln schälen und in ca. 2-3 mm dünne Scheiben schneiden oder hobeln.
3. Champignons in ca. 1 cm breite Scheiben schneiden und den gewaschenen Lauch in Ringe.
4. Die Knoblauchzehe in den Mixtopf geben, 5 Sekunden | Stufe 5 zerkleinern. Mit dem Spatel nach unten schieben.
5. Olivenöl mit Butter in den Mixtopf geben, 3 Minuten | 60°C | Stufe 1 schmelzen.
6. Champignons zugeben, 4 Minuten | 120°C | Linkslauf | Stufe 1 ohne Messbecher dünsten.
7. Wasser, Gemüsebrühpulver, Creme Fraiche, Salz, Pfeffer und Blättchen von den Thymianzweigen und Speisestärke zugeben, 5 Minuten | 100°C | Linkslauf | Stufe 1 mit Messbecher aufkochen.
8. Lauchringe mit dem Spatel gut unterrühren.
9. Abwechselnd die Süßkartoffelscheiben mit der Pilz – Lauch – Mischung in die Auflaufform schichten.
10. Mit beiden Käsesorten bestreuen und im Ofen ca. 30 – 40 Minuten backen.

Italienischer Nudelauflauf zum Verlieben

Zutaten für 5 Portionen:

- 300 g Pasta
- 1 Zwiebel
- 1 Knoblauchzehe
- 20 ml Olivenöl
- 400 g Rinderhackfleisch
- 100 ml Rotwein, trocken
- Salz
- je 1/2 Paprika rot und gelb, in Streifen geschnitten
- 400 g passierte Tomaten
- 20 g Tomatenmark
- 100 g Kochsahne, 15% Fett
- 1 TL Gemüsebrühpulver
- 1 TL Salz
- Prise Cayennepfeffer
- 1/2 TL Rosmarin
- 1/2 TL Oregano
- 1/2 TL Basilikum
- 1 TL Paprika, edelsüß
- 1 Dose Kidney-Bohnen, Abtropfgewicht ca. 250 g
- 150 g Mozzarella, gerieben
- 50 g Parmesan
- Öl zum Anbraten

Zubereitung:

1. Backofen auf 180 Grad Ober-Unterhitze vorheizen. Eine Auflaufform gut einfetten.
2. Die Pasta nach Packungsanleitung im Topf garen.
3. Rinderhackfleisch in der Pfanne krümelig braten. Mit Salz und Pfeffer würzen und dem Rotwein ablöschen und einkochen lassen.
4. Zwiebel und Knoblauchzehe in den Mixtopf geben, 5 Sekunden | Stufe 5 zerkleinern.
5. Den Olivenöl zugeben, 3 Minuten | 120°C | Stufe 1 dünsten.
6. Paprika zugeben, weitere 2 Minuten | 120°C | Linkslauf | Stufe 1 dünsten.
7. Passierte Tomaten, Tomatenmark, Kochsahne, Gemüsebrühpulver, Salz, Cayennepfeffer, Kräuter, Paprika und abgetropfte Bohnen zugeben, 5 Minuten | 100° C | Linkslauf | Sanftrührstufe 1 kochen.
8. In eine Auflaufform zunächst etwas Tomatensauce, anschließend die Hälfte der Nudeln und das Hackfleisch schön schichten. Die Hälfte vom Mozzarella und Parmesan darüber verteilen.
9. Das Ganze in umgekehrter Reihenfolge wiederholen, dabei mit Tomatensauce abschließen.
10. Den Auflauf mit restlichem Käse bestreuen und auf der mittleren Schiene 25-30 Minuten überbacken.
11. Lass es dir gut schmecken.

Knusprige Cheeseburger-Pizza

Zutaten für 1 Pizza:

- Pizzateig deiner Wahl
- 300 g Hackfleisch vom Rind
- 1/2 TL Salz
- 1/4 TL Pfeffer
- 1 Karotte, geschält und gehackt
- 1/4 TL Fleisch Gewürz
- 100 g Ketchup
- 2 EL Dijon – Senf
- 2 EL Sesam
- 1 Ei, M, mit 1 EL Wasser verquirlt
- 100 g Mozzarella, gerieben
- 100 g Cheddar, gerieben
- 8 – 10 Scheiben saure Burger Gurken
- 2 Tomaten, in Scheiben geschnitten

Zubereitung:

1. Pizzateig nach Anleitung zubereiten.
2. Den Ofen auf 250 °C Ober-Unterhitze vorheizen.
3. Hackfleisch in der Pfanne mit der Karotte anbraten. Mit Salz, Pfeffer und Fleischgewürz würzen.
4. Ketchup und Senf verrühren, 1 EL davon zum Hackfleisch geben und verrühren.
5. Den Pizzateig in Größe des Backbleches ausrollen. Am Rand mit dem verquirlten Ei bestreichen und Sesam bestreuen.
6. Den Ketchupmix auf den Teigboden verteilen, die Hälfte vom Mozzarella und Cheddar darauf streuen.
7. Angebratenes Hackfleisch und Gurken darauf verteilen.
8. Restlichen Käse darübergeben und mit Tomatenscheiben belegen.
9. Temperatur auf 230°C reduzieren und Pizza für 20 – 25 Minuten backen.

Köstlicher Nudelsalat mit kleinen Frikadellen aus Fisch

Zutaten für 4 Portionen:

- **Zutaten für den Salat:**
- 1 Paprikaschote, rot
- 8 Cherrytomaten
- 1 Salatgurke
- 1 rote Zwiebel, geschält
- 1 Bund Dill
- 40 g heller Balsamico Essig
- 50 g Rapsöl
- Prise Zucker
- 1 TL helle Sojasauce
- Salz
- Pfeffer
- 350 g kurze Nudeln, zB. Penne
- **Zutaten für den Fischfrikadellen:**
- 500 g Kabeljaufilet
- 1 Schalotte, geschält
- 1/2 Bund Petersilie
- 2 Scheiben Toast
- 2 Eier (M)
- Spritzer Zitronensaft
- Abrieb 1 Bio Zitrone
- **Zudem:**
- ca. 100 g Paniermehl
- Rapsöl zum Anbraten

Zubereitung:

1. Die Paprikaschote entkernen und würfeln.
2. Cherrytomaten halbieren oder vierteln.
3. Gurke waschen, längs halbieren und aushöhlen, in ca. 1 cm breite Stücke schneiden .
4. Die Nudeln nach Packungsanleitung auf dem Herd in Salzwasser bissfest kochen. Pasta abgießen, dabei 50 ml Nudelwasser auffangen, zusammen mit Paprikawürfel, Cherrytomaten und Gurke in eine Schüssel geben.
5. **Zubereitung für den Dressing:**
6. Zwiebel und abgezupften Dill in den Mixtopf geben, 5 Sekunden/Stufe 8 zerkleinern. Mit dem Spatel alles vom Rand nach unten schieben.
7. Balsamico Essig, Rapsöl, Sojasauce und Zucker zugeben, 15 Sekunden auf Stufe 3 verrühren.
8. Mit Salz und Pfeffer abschmecken.
9. Dressing zu den Nudeln in die Schüssel geben und alles gut mischen.
10. **Zubereitung der Fischfrikadellen:**
11. Schalotte mit Petersilie in den Mixtopf geben, 5 Sekunden/Stufe 8 zerkleinern.
12. Kabeljau und Toast in Stücken, Eier, Zitronensaft,-und Abrieb in den Mixtopf zugeben, 30 Sekunden/Stufe 4 zu einem Teig mischen.
13. Aus dem Teig mit feuchten Händen ca. 12 Frikadellen formen, in Paniermehl wälzen und in heißem Öl rundherum goldbraun braten.
14. Den Nudelsalat mit Fischfrikadellen anrichten und servieren.
15. Lass es dir gut schmecken.

Indisches Mango Chicken Curry

Zutaten für 4 Portionen:

- 1 kleine Zwiebel
- 2 Zehen Knoblauch
- 2 Dosen Mangos
- 1 TL Garam Masala
- 300 g Hühnerfleisch
- 1 Dose Kichererbsen
- 200 g Reis
- 2 TL saure Sahne
- 1 Dose Kokosmilch

Zubereitung:

1. Zwiebel und Knoblauch auf Turbostufe etwa 5 Sekunden pürieren lassen. Das Öl hinzugeben und auf Stufe 3, 80 Grad etwa 3 Minuten glasig anbraten. Mango, Kokosmilch, saure Sahne und Gewürze einfüllen. 8 Minuten bei 80 Grad auf Stufe 2 kochen. Anschließend alles im Turbo für 10 Sekunden pürieren. Kichererbsen hinzugeben und ziehen lassen, anschließend die Soße umfüllen.
2. Den Reis in den Kocheinsatz geben, das Hühnerfleisch fein schneiden und auf den Dampfgarer geben. Man kann es bei Bedarf vorab mit Salz und Pfeffer würzen und dann 20 Minuten bei S/F garen.
3. Anschließend das Fleisch unter die Soße mischen und mit Reis servieren.
4. Lass es dir gut schmecken.

Putengeschnetzeltes

Zutaten für 4 Portionen:

- 400 g Putengeschnetzeltes
- 300 g Gemüse nach Wahl, TK
- 1 EL Gemüsebrühe
- 1 Beutel Reis nach Wahl
- 1100 ml Wasser
- 1 EL Öl
- 200 g Schmand, fettreduziert
- 1 TL Salz
- 1/2 TL Pfeffer
- 250 ml Wasser, evtl. mehr, bis 300 ml
- 2 EL Sojasauce
- Salz und Pfeffer

Zubereitung:

1. Reis ohne Kochbeutel in den Garkorb geben, diesen dann in den Mixbehälter einsetzen, 1100 ml Wasser mit 1 EL Gemüsebrühe vermischen und es über den Reis in den Mixbehälter gießen.
2. Im Varomabehälter das Tiefkühl-Gemüse verteilen sowie auch das Fleisch, Deckel darauf. Nachdem alles verschlossen wurde, die Dampfgartaste drücken. Es erscheint automatisch "120 °C, 20 min.". Das Programm starten.
3. Nach Belieben kann die Zeit nach den 20 min. nochmal verlängert werden. Wenn der Reis und das Fleisch und Gemüse fertig sind, warmstellen.
4. Jetzt kommen wir zur Soße. Für die Soße 250 - 300 ml Wasser in den Mixbehälter geben, ebenso den Schmand, die Sojasoße, Salz, Pfeffer und etwa 30 – 40 g von dem fertigen Gemüse.
5. Dann ca. 3 - 5 min, je nach Konsistenz, auf Stufe 4 bei 90 °C die Soße im Mixbehälter erwärmen.
6. Guten Appetit.

Gefüllte Zucchini

Zutaten für 4 Portionen:

- 1 Karotte
- 1 rote Paprika
- 200 g Feta-Käse
- 120 g Hirse
- 1 l warme Gemüsebrühe
- 4 Zucchini
- Salz
- Pfeffer
- 800 ml Pizzatomaten aus der Dose
- 1 Tl italienische Kräuter

Zubereitung:

1. Karotte schälen, halbieren und in den Mixbehälter des Thermo Multikochers geben. Die Paprika waschen, putzen, vierteln und in ca. 4 cm große Stücke schneiden. Den Feta-Käse in Stücke bröseln, mit der Paprika in den Mixbehälter geben und 8 Sekunden/Stufe 6 zerkleinern. Umfüllen und den Mixbehälter ausspülen.
2. Die Hirse in einem Sieb unter fließend warmen Wasser waschen und in den Kocheinsatz geben. 800 ml warme Gemüsebrühe in den Mixbehälter geben, Kocheinsatz einsetzen und 10 Minuten/100 °C/Stufe 1 mit eingesetztem Messbecher garen. Anschließend die Hirse in eine Schüssel umfüllen und ausquellen lassen. Den Mixbehälter leeren.
3. Die Zucchini waschen, putzen, halbieren und das Fruchtfleisch mithilfe eines Teelöffels gründlich auskratzen. Dabei einen mindestens 5 mm breiten Rand stehen lassen.
4. Die Paprika-Feta-Mischung mit der Hirse gleichmäßig vermengen und mit Salz und Pfeffer schön abschmecken. Die Zucchinihälften großzügig damit füllen und gut festdrücken. Die Zucchinihälften gleichmäßig im tiefen und flachen Dampfaufsatz verteilen. Die passierten Tomaten, 200 ml Gemüsebrühe, 3 Prisen Salz und 2 Prisen Pfeffer sowie die italienischen Kräuter in den Mixbehälter geben. Die Dampfaufsätze aufsetzen und 25 Minuten/100 °C/Stufe 1 garen.
5. Zusammen mit der Sauce auf einem Teller servieren.
6. Lass es dir gut schmecken.

Karotten-Risotto

Zutaten für 2 Portionen:

- 2 Knoblauchzehen
- 2 Zwiebeln
- 300 g Karotten
- 100 g Risottoreis
- 1 Tl Kurkuma
- 1/2 Tl Kreuzkümmel
- 20 g Rapsöl
- 450 g heiße Gemüsebrühe
- 150 g Tomate
- 50 g Parmesan
- 2 El Zitronensaft
- 1/2 Tl Salz
- 1/2 Tl Pfeffer

Zubereitung:

1. Die 2 Knoblauchzehen und die 2 Zwiebeln vierteln.
2. 300 g Karotten schälen und in kleine Stücken schneiden, 150 g Tomaten in Stückchen schneiden.
3. Zwiebeln, Knoblauch und Karotten 7 Sek/ Stufe 5 zerkleinern
4. 100 g Risottoreis, 1/2 Tl Salz, Pfeffer und Kreuzkümmel, 20 g Öl, 1 Tl Kurkuma zugeben und 5 min/ 100 Grad/ Stufe 1 garen.
5. 450 g heiße Gemüsebrühe und die Tomaten hinzugeben, bei 22 min/ 100 Grad/ linkslauf garen, Gareinsatz als Spritzschutz aufsetzen.
6. 50 g Parmesan und 2 El Zitronensaft hinzugeben und 10 Sek/ linkslauf/ auf Stufe 3 verrühren. Einige Zeit ruhen lassen und genießen (ggf. noch Parmesan oben drauf geben)
7. Guten Appetit.

Wirsing-Rouladen

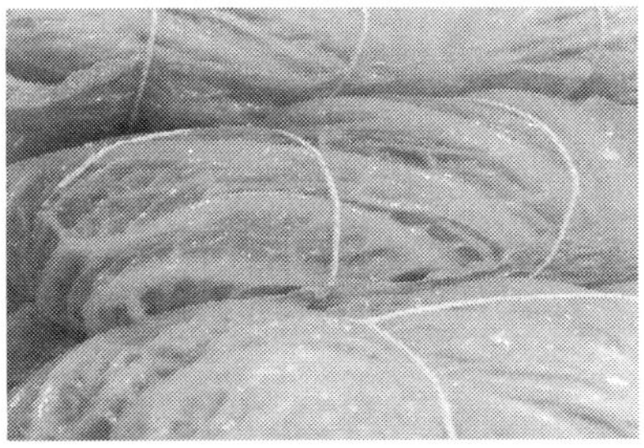

Zutaten für 4 Portionen:

- 1 großer Wirsingkohl
- 1 altbackenes Brötchen
- 1 Zwiebel
- 5 Sardellenfilets
- 500 g gemischtes Hackfleisch
- 1 Ei
- 5 EL rote Linsen
- 1 TL Salz
- 1/4 TL schwarzer Pfeffer, 2 EL geriebene Mandeln
- **Zutaten für die Soße:**
- 1 Becher Crème Fraiche
- 2 TL Dijonsenf
- 1 Tomate

Zubereitung:

1. Die Wirsingblätter im Dampfbehälter dünsten.
2. Danach die Brötchen, Zwiebeln, Sardellenfilets getrennt zerkleinern.
3. Das Fleisch mit den zerkleinerten Zutaten mixen. Nun werden die Rouladen gemacht. Jetzt werden die Rouladen in den Dampfbehälter gelegt und gegart für ca. 40 Minuten.
4. Nun sind sie schon fertig.
5. Zum Schluss wird noch die Soße in 5 Minuten im großen Behälter gekocht.
6. Alles nun nur noch servieren und genießen.

Gelbes Thai-Curry mit Erdnussbutter

Zutaten für 2 Portionen:

- 1/2 rote Paprika
- 1 kleine Zucchini
- 1 Zwiebel
- ein ca. 2 cm langes Stück Ingwer
- 1 Möhre
- 250 g Brokkoli
- 50 g Erbsen (TK)
- 1 EL Kokosöl
- 2 TL gelbe Curry-Paste
- 1 EL Erdnussbutter
- 1 Dose Kokosmilch
- frischen Koriander
- 2-3 EL geröstete und gesalzene Erdnüsse
- 150 g Basmati Reis
- Salz
- Pfeffer
- Palmzucker
- Fischsauce zum Würzen und Abschmecken

Zubereitung:

1. Gemüse gründlich waschen, putzen und in möglichst gleich große Stücke schneiden. Den Ingwer schälen und sehr fein hacken.
2. Den Basmati Reis in ein Sieb geben und unter fließendem kalten Wasser gründlich waschen. Anschließend in der doppelten Menge Salzwasser bissfest garen.
3. Das Kokosöl einer großen Pfanne oder Wok erhitzen. Die Currypaste hinzufügen und anschwitzen, anschließend die Erdnussbutter dazugeben und unter Rühren für 2-3 Minuten rösten.
4. Die Kokosmilch angießen und alles für ebenfalls 2-3 Minuten köcheln lassen.
5. Das Gemüse in die Kokosmilch geben, vorsichtig mischen und alles bei niedriger Hitze für 10 Minuten köcheln lassen.
6. In der Zwischenzeit den Koriander waschen, trocken tupfen und die Blättchen abzupfen. Die Erdnüsse grob hacken.
7. Das Curry mit Salz, Pfeffer, etwas Palmzucker und Fischsauce nach Bedarf abschmecken und mit dem Reis, frischem Koriander und den gehackten Erdnüssen servieren.
8. Lass es dir gut schmecken.

Köstliche Dumplings

Zutaten für 5 Portionen:

- 1 Pck. Wan Tan-Blätter zum Frittieren, TK
- 500 g Rinderhackfleisch
- 1 EL Ingwer, fein gewürfelt
- 1 EL Knoblauchzehe, gewürfelt
- 1 TL Chilischote, fein gewürfelt
- 2 Frühlingszwiebeln
- 1 Zwiebel, rot
- 2 Karotten
- 5 Blätter Chinakohl
- 150 g Sojasprossen
- 2 EL Sojasauce
- 1 EL Mirin
- Salz und Pfeffer
- Zucker
- 1 EL Chilisauce, scharf
- 1 EL Chilisauce, süß

Zubereitung:

1. Die Karotten für 4 Sek. auf Stufe 5 zerkleinern.
2. Frühlingszwiebel, Zwiebel, Chinakohl, Sojasprossen, Chilischoten, Knoblauch und Ingwer für 4 Sek. auf Stufe 4,5 zerkleinern, eventuell nochmals 2 Sek, bis alles zerkleinert ist (es sollte kein Püree sein), abhängig von der Menge.
3. Hack, Sojasauce, Reiswein, Chilisaucen zugeben; 1 min kneten (durchgehend mit dem Spatel helfen).
4. Salz, Pfeffer und Zucker zugeben, Masse mit dem Spatel nach unten schieben und nochmals 30 Sek kneten (durchgehend mit dem Spatel helfen).
5. Die aufgetauten Teig-Blätter mit einem gehäuften TL der Masse füllen und verschließen.
6. Den Varoma leicht einfetten und die Dumplings hineingeben. Den Behälter mit 500 g Wasser füllen und 23 min. dämpfen, Stufe 3, Varoma.
7. Die köstlichen Dumplings werden mit einem Dip (Sojasauce oder spezieller Dip) serviert.
8. Lass sie dir gut schmecken.

Spargel mit gebratenem Zanderfilet

Zutaten für 2 Portionen:

- 1 kg Spargel
- 1 Liter Wasser
- 1 TL Salz
- 1 TL Zucker
- 2 Zanderfilets, frisch oder aufgetaut
- 4 EL Mehl, doppelgriffig, z.B. Wiener Griessler
- Salz und Pfeffer
- 1 Bund Schnittlauch
- 5 EL Butter, geklärt

Zubereitung:

1. Den Spargel gründlich waschen und schälen. Geschälten Spargel in den Varoma legen. Wasser, Salz und Zucker in den Mixtopf geben, Varoma aufsetzen und ca. 30 Min. auf Stufe 1 garen.
2. Die Fischfilets waschen, trocknen, mit Salz und etwas Pfeffer würzen und mehlieren.
3. In einer Pfanne 2 EL geklärte Butter erhitzen und die Filets vorsichtig auf der Hautseite anbraten. Dies geht sehr schnell. Nach ca. 3 Minuten drehen und die andere Seite leicht anbraten.
4. In einem kleinen Topf 3 EL geklärte Butter für den Spargel schmelzen und erwärmen.
5. Den Schnittlauch waschen, abtrocknen und schneiden.
6. Den gegarten Spargel auf erwärmten Tellern anrichten, die Fischfilets dazugeben, den Spargel mit der flüssigen Butter übergießen und mit Schnittlauch dekorieren.
7. Lass es dir gut schmecken.

Herrliche Suppen aus dem Thermo Multikocher

Spargelcremesuppe

Zutaten für 4 Portionen:

- 700 g grüner Spargel
- 1000 ml Wasser
- 2 Knoblauchzehen, geschält
- 1 Karotte, geschält
- 40 g Butter
- 35 g Mehl
- 250 ml Milch
- 1 TL Gemüsebrühpulver
- 1/2 TL Salz
- 2 Prisen Pfeffer
- Prise Muskat
- 100 g Sahne
- 50 g Schinkenwürfel
- Salz und Pfeffer nach Belieben
- 4 EL frische, gehackte Petersilie

Zubereitung:

1. Spargel waschen und das untere holzige Ende abschneiden.
2. Den Spargel in ca. 2-3 cm große Stücke schneiden und in den Gareinsatz des Thermo Multikochers füllen. Das Wasser in den Mixtopf geben und den Gareinsatz einsetzen, 20 Minuten | Varoma | Stufe 1 garen.
3. Anschließend den Mixtopf leeren, das Spargelwasser auffangen und den Spargel derweil zur Seite stellen. Die Spargelköpfe aussortieren, beiseite stellen.
4. Knoblauch, Karotte und Butter in den Mixtopf geben, 5 Sekunden | Stufe 5 zerkleinern. Mit dem Spatel alles nach unten schieben, 3 Minuten | 120°C | Stufe 1 dünsten.
5. Nun das Mehl zufügen, 3 Minuten | 100°C | Stufe 1 anschwitzen.
6. 700 g vom aufgefangenen Spargelwasser, Milch, Gemüsebrühpulver, Salz, Pfeffer und Muskat zugeben, 10 Sekunden | Stufe 3 verrühren.
7. Den Spargel (ausser ein paar Köpfen) zufügen, 12 Minuten | 100°C | Stufe 1 aufkochen.
8. Die Sahne hinzugeben, 30 Sekunden | Stufe 8 pürieren.
9. Durch die Deckelöffnung die Spargelköpfe 5 Sekunden | Linkslauf | Sanftrührstufe unterrühren.
10. Mit Salz und Pfeffer nochmal schön abschmecken.
11. In einer Pfanne die Schinkenwürfel anbraten und mit der Suppe sowie Kräutern servieren.
12. Lass es dir gut schmecken.

Köstliche Kürbissuppe

Zutaten für 4 Portionen:

- 2 m. große Zwiebeln
- 2 TL Erdnussöl
- 1 m. großer Hokkaidokürbis
- n. B. Wasser
- 1 kl. Stück Ingwer
- 2 TL Curry
- 2 TL Gemüsebrühe, basisch
- 1 TL Zimt
- n. B. Salz und Pfeffer
- 200 ml Hafersahne (Hafercreme Cuisine)

Zubereitung:

1. Zwiebeln schälen, grob würfeln und in den Thermo Multikocher geben. Das Erdnussöl zugeben und anbraten für 6 Minuten.
2. In der Zwischenzeit den Kürbis gründlich entkernen, in Würfel schneiden und zusammen mit dem Ingwer zu den Zwiebeln geben. Für weitere 3 Minuten die Anbrat-funktion wählen.
3. Mit Wasser aufgießen, bis der Kürbis bedeckt ist und auf Stufe 2 bei 100 °C nun 20 Minuten kochen lassen. Dabei nach und nach die ganzen Gewürze zufügen.
4. Nach dem Kochen die Hafersahne zugeben und 30 Sekunden auf Stufe 10 ansteigend pürieren.
5. Nun ist die Suppe fertig und kann genossen werden.

Brokkoli-Cremesuppe

Zutaten für 2 Portionen:

- 40 g Butter
- 50 g Mehl
- 500 ml Wasser
- 200 ml Milch
- 100 ml Sahne
- 1 Brokkoli
- 1 Gemüsebrühwürfel
- Salz und Pfeffer

Zubereitung:

1. Den Brokkoli grob in Röschen schneiden und zur derweil zur Seite stellen.
2. Butter in den Topf geben und bei 100 °C auf Rührstufe 1 schmelzen lassen. In die geschmolzene Butter nach und nach das Mehl geben. Das Ganze mit dem Wasser, Milch und Sahne ablöschen und auf Stufe 3 einmal glatt rühren. Anschließend auf Stufe 1 aufkochen lassen. Nun mit Brühe, Salz und Pfeffer würzen.
3. 3 Minuten vor Ende die Brokkoliröschen dazugeben und einmal auf höherer Stufe zerkleinern. Dann noch einmal aufkochen, abschmecken und servieren.

Gulaschsuppe

Zutaten für 4 Portionen:

- 350 g Zwiebeln, halbiert
- 20 g Öl
- 500 g Rindsgulaschfleisch
- 250 g Tomaten, geviertelt
- 450 g Wasser
- 1 ½ EL Paprika edelsüß
- 1 TL Salz
- ½ TL Pfeffer
- 100 g rote Paprikaschoten, in kleinen Stücken
- 100 g Champignonscheiben
- 300 g Kartoffeln, in kleinen Stücken
- 2 TL Gemüsebrühe

Zubereitung:

1. Die Zwiebeln in den Mixtopf geben, 7 Sek / Stufe 5 zerkleinern und umfüllen.
2. Das Öl in den Mixtopf geben und 2 Min / Varoma / Stufe 1 erhitzen.
3. Die Hälfte des Fleisches zugeben und 4,5 Min / Varoma / Linkslauf / Stufe 1 ohne Messbecher anbraten.
4. Das übrige Fleisch nun hinzugeben und weitere 4 Min / Varoma / Linkslauf / Stufe 1 braten.
5. Zwiebeln zugeben und 2,5 Min / Varoma / Linkslauf / Stufe 1 dünsten.
6. Tomaten, 150 g Wasser und die Gewürze zugeben und mit Messbecher 45 Min / 100° / Linkslauf / Stufe 1 garen.
7. Champignons, Paprika, Kartoffeln, 300 g Wasser und Gemüsebrühe zugeben und weitere 15 Min / 100° / Linkslauf / Stufe 1 garen.
8. Nun ist das köstliche Gulasch fertig.
9. Lass es dir gut schmecken.

Köstliche Champignoncremesuppe

Zutaten für 2 Portionen:

- 500 g Wasser
- 2 Würfel Gemüsebrühe
- 250 g Milch
- 40 g Butter
- 40 g Mehl
- 100 g Sahne
- Salz und Pfeffer
- 250 g Champignons, frische weiße, halbiert oder geviertelt
- 2 EL Petersilie

Zubereitung:

1. Die ganzen Zutaten, bis auf die Champignons und Petersilie, in den Mixtopf geben und für 6 Min./100°/Stufe 2 erhitzen.
2. Champignons durch die Deckelöffnung in die Brühe geben und für 4 Min./100°/Stufe 2 mitkochen lassen.
3. Suppe auf Teller geben und mit Petersilie bestreut servieren.

Garnelen-Kokos-Suppe

Zutaten für 4 Portionen:

- 20 g Ingwer
- 170 g Paprikaschoten, rot, gewaschen und geputzt
- 80 g Frühlingszwiebeln, in Ringe geschnitten
- 20 g Öl
- 1 TL Currypulver
- 500 g Wasser
- 25 g Hühnerbrühe
- 20 g Austernsauce
- 400 g Kokosmilch, aus der Dose
- 100 g Zuckerschoten, halbiert
- 1 Msp. Chilipulver
- 500 g Garnelen, TK
- 100 g Ananasstücke, aus der Dose, abgetropft
- 20 g Ananassaft

Zubereitung:

1. Den Ingwer und die Paprika in den Mixtopf des Thermo Multikochers geben und 2 Sekunden auf Stufe 5 zerkleinern. Die Frühlingszwiebeln, das Öl und das Currypulver zugeben und 2 Minuten bei 120 °C mit Linkslauf auf Stufe 1 dünsten. Die weiteren Zutaten außer den Garnelen, der Ananas und dem Ananassaft dazugeben und das köstliche Gericht für 25 Minuten bei 100°C mit Linkslauf auf Stufe 0,5 kochen lassen.
2. Die restliche Zutaten hinzufügen und 2 Minuten bei 95 °C mit Linkslauf auf Stufe 0,5 fertig kochen.
3. Das Gericht mit Sojasauce abschmecken und genießen.

Brote und Brötchen aus dem Thermo Multikocher

Knusprige Brötchen

Zutaten für 6–8 Brötchen:

- 1 Päckchen Trockenhefe
- 140 g Wasser
- 140 g Milch
- etwas Zucker
- 300 g Weizenmehl 405
- 120 g Dinkelmehl 1050
- 2 EL Olivenöl
- 2 EL Salz

Zubereitung:

1. Hefe, Milch und Zucker in den Mixtopf geben und für 2 Minuten auf Stufe 1 bei 35 Grad Temperatur verrühren.
2. 5 Minuten ruhen lassen.
3. Die restlichen Zutaten zufügen und das Ganze ca. 1 Min. auf Stufe 3 kneten.
4. Aus dem Mixtopf nehmen und einmal durchkneten und eine große Kugel formen, abdecken und ca. 40 Min. gehen lassen.
5. Den Teig nun in 6–8 Teile aufteilen und erst die Brötchen rund formen und dann lang stoßen und auf ein Loch-Blech legen und abdecken.
6. In der Zwischenzeit den Backofen auf 220 Grad bei Ober-Unterhitze vorheizen und eine Schüssel mit Wasser unten reinstellen.
7. Die Brötchen nach 20 Min. längs einschneiden und mit Wasser einpinseln und ab in den Backofen für ca. 20-25 Min.
8. Nach 10 und 15 Minuten nochmal mit Wasser besprühen.
9. Nach der Backzeit die Brötchen rausnehmen und noch einmal ganz leicht mit Wasser bestreichen.

Krosse Jogger Brötchen

Zutaten für 8 Brötchen:

- 200 g Wasser
- 150 g Joghurt
- 1 Prise Zucker
- 1/2 Würfel Hefe
- 30 g Butter
- 50 g Sonnenblumenkerne
- 220 g Dinkelmehl Type 630
- 280 g Weizenmehl Type 550
- 2 TL Salz
- 2 TL Backmalz

Zubereitung:

1. Wasser, Joghurt, Hefe und den Zucker in den Mixtopf geben und 2 Min. / 37°C / Stufe 1 erwärmen.
2. Die restlichen Zutaten dazugeben und 3 Min. / Teigknetstufe zu einem Teig verkneten. Den Teig umfüllen und zugedeckt 30 Min. an einem warmen Ort gehen lassen.
3. Den tollen Teig auf eine bemehlte Arbeitsplatte geben und falten, ausrollen und das Rechteck in 8 Teile teilen. Mit Wasser besprühen und in Sonnenblumenkerne leicht eindrücken. Zugedeckt nochmals 20 Min. gehen lassen.
4. In den vorgeheizten Backofen bei 220°C O/U ca. 20 Min. backen. Mit einem halben Messbecher Wasser die Brötchen Schwaden (das Wasser schwallartig auf den Ofenboden schütten).

Frisches Dinkelbrot

Zutaten für 1 Brot:

- 500 g Dinkelmehl
- 1 Würfel Hefe
- 2 TL Honig oder Agavendicksaft
- 300 ml lauwarmes Wasser
- 1/2 TL Salz
- etwas Butter für die Form

Zubereitung:

1. Alles in den Mixtopf geben und für 90 Sekunden auf Stufe 3 kneten. Den Teig nun in die gefettete Brotform geben, bei 50°C im Ofen ca. 45 Minuten gehen lassen. Bei 190°C ca 35 Minuten backen.

Dinkelbrötchen zum Verlieben

Zutaten für 1 Brot:

- 300 g Dinkelkörner
- 1 Karotte
- 300 g Weizenmehl, Typ 405
- 1 TL Salz
- 20 g Olivenöl
- 1 Würfel Hefe
- evtl. 1 TL Brotgewürz deiner Wahl
- 300 g lauwarmes Wasser
- Saaten als Dekoration, z.B. Sonnenblumenkerne, Sesam, Kürbiskerne oder Schwarzkümmel

Zubereitung:

1. Die Dinkelkörner in den Mixtopf wiegen für 40 Sekunden auf Stufe 10 mahlen.
2. Die eine Karotte halbieren, dazugeben und 2x 4 sek./Turbo zerkleinern.
3. 300 g Weizenmehl Typ 405 dazuwiegen, 1 TL Salz, 1 Päckchen frische Hefe, 20 g Olivenöl, evtl. Brotgewürz und 300 g lauwarmes Wasser dazugeben, 2,5 min./kneten.
4. Aus dem Teig 10-12 Brötchen, 3 Baguettes oder 2 Fladenbrote formen, Brötchen in Wasser und dann in Saaten tunken, auf ein mit backpapier ausgelegtes Backblech setzen (entweder mit Abstand, oder dicht beieinander als Carree oder Brötchenrad) und im nicht vorgeheizten Backofen 30 min. bei 200° (oder Heißluft 180°) backen.

Fluffige Milchbrötchen

Zutaten für 4 Portionen:

- **Zutaten für den Teig:**
- 500 g Weizenmehl Type 550
- 1 Würfel Hefe, 42 g
- 260 g Milch
- 60 g Zucker
- 80 g Butter, weich
- 1 TL Vanillezucker
- 1/2 TL Salz
- **Außerdem:**
- 1 Eigelb
- 2 EL Milch
- evtl. Hagelzucker

Zubereitung:

1. Die Hefe mit der Milch und dem Zucker in den Mixtopf geben und 2 Minuten bei 37 °C auf Stufe 1 verrühren lassen. Anschließend weiche Butter, Vanillezucker und Salz zugeben und für 30 Sekunden auf Stufe 2 verrühren. Das Mehl dazugeben und zweimal 10 - 15 Sekunden auf Stufe 6 verrühren.
2. Den Teig dann nun mindestens 30 Minuten gehen lassen.
3. Danach den Teig zu runden schönen Brötchen formen, das Eigelb mit den 2 EL Milch verrühren und die Brötchen damit schön bestreichen.
4. Im Backofen bei 180 °C Ober-/Unterhitze ca. 20 - 25 Minuten backen.

Zwirbelbrot

Zutaten für 1 Brot:

- 230 g Dinkel
- 400 g Mehl (Weizen- oder Dinkelmehl)
- 400 g Wasser
- 1 EL Essig
- 1 EL Öl
- 1 1/2 TL Salz
- 1 TL Zucker
- 1 Pck. Hefe, frische (bei Trockenhefe mehr nehmen, evtl. 2 Pck.)

Zubereitung:

1. Den Dinkel für 30 Sekunden auf Stufe 10 schroten. Die restlichen Zutaten in den Thermo Multikocher geben und auf der Knetstufe 1,5 Minuten kneten lassen.
2. Ein mit Backpapier ausgelegtes Backblech vorbereiten. Den Teig ohne Ruhezeit direkt in die Mitte des Backpapiers geben und alle Enden des Backpapiers hoch nehmen und oben zusammen zwirbeln.
3. Das Brot bei 240°C für 40 Minuten bei Ober-und Unterhitze in den Backofen geben.

Buttermilchbrot

Zutaten für 1 Brot:

- 350 g Buttermilch
- 100 g Wasser
- 1 EL Zuckerrübensirup
- 100 g Weizen oder Weizenvollkornmehl
- 120 g Weizenmehl
- 350 g Dinkelmehl
- 25 g Öl
- 1 TL Salz
- 1/2 Würfel Hefe
- 50 g Sonnenblumenkerne

Zubereitung:

1. Als erstes den Weizen in den Thermo Multikocher geben und diesen je nach gewünschter Feinheit 30 - 60 Sek. auf Stufe 10 mahlen, umfüllen.
2. Die Buttermilch, das Wasser und die Hefe in den Mixtopf geben und diese 3 Min. / 37 Grad / Stufe 1 erwärmen.
3. Danach die übrigen Zutaten hinzugeben und alles zusammen für 5 Min. / Knetstufe verrühren.
4. Den Teig in eine Schüssel umfüllen und ca. 1 Stunde an einem warmen Ort gehen lassen.
5. Anschließend den Teig auf eine bemehlte Arbeitsfläche geben, flach drücken und zusammenfalten, flach drücken und wieder zusammenfalten, das Ganze ca. 5 - 6 mal wiederholen. Jetzt die so entstandene Teigkugel in eine Form (mit Deckel) geben. Die Form (und auch den Deckel) vorher gut einfetten. Das Brot leicht schön mit Wasser einpinseln.
6. Jetzt die Form schließen und in den kalten Backofen stellen. Nun ca. 50 Min. / 200 - 220 Grad / Ober-/Unterhitze backen.
7. Danach das Brot aus der Form nehmen und auf einem Kuchengitter auskühlen lassen.

Süße Rezepte aus dem Thermo Multikocher

Selfmade Eierlikör

Zutaten:

- 8 frische Eigelb
- 200 g Zucker
- 2 TL selbstgemachte Vanillezucker
- 250 ml frische Sahne
- 250 ml Korn

Zubereitung:

1. Alles in den Topf mit dem Rühraufsatz 8 Minuten auf 60-70 Grad und auf Drehstufe 4 machen lassen.
2. Den Eierlikör warm in Flaschen abfüllen.

Hinweis: Wenn der Likör abgekühlt ist hält er so 4 Wochen im Kühlschrank.

Selfmade Werthers Echte Likör

Zutaten:

- 3 Eigelb
- 20 Stk. Werthers Echte
- 250 ml Sahne
- 125 ml Amaretto

Zubereitung:

1. Eigelb, Werthers Echte Bonbons, 125 ml Sahne in den Topf geben und für 7-9 Minuten auf 70 Grad auf Stufe 2 (die Bonbons dürfen nicht mehr zu hören sein, wenn die Zeit um ist) rühren; restl Sahne und Amaretto dazugeben. 7 Min / 70 Grad / Stufe 2 dann abkühlen lassen und anschließend 10 Sek / Stufe 9 in eine heiß ausgewaschene Flasche umfüllen und ab in den Kühlschrank damit.
2. Lass ihn dir gut schmecken.

Kinderschokoladen Likör

Zutaten:

- 100 g Kinderschokolade
- 100 ml Sahne
- 150 ml Milch
- 100 ml Wodka

Zubereitung:

1. Die Milch und die Sahne in einen Topf geben. Die Kinderschokolade zerteilen und dazugeben.
2. Den Topf bei 1 rühren und auf 40 Grad stellen, so dass die Schokolade schmilzt.
3. Zum Schluss den Wodka zugeben. 10 Sekunden durchrühren auf 3 ohne Temperatur.
4. Abfüllen und abkühlen lassen.

Köstlicher Vanillepudding

Zutaten für 3 Portionen:

- 500 ml Milch
- 2 Eigelb
- 2 Eiweiß
- 50 g Zucker
- Prise Salz
- 30 g Speisestärke
- 1 halbe Vanilleschote

Zubereitung:

1. Die ganzen Zutaten, bis auf die Vanilleschote und den Eiweiß, in den Mixtopf geben. Die Vanilleschote gründlich auskratzen, Mark und ausgekratzte Schote zugeben und 7 Min./90°/Linkslauf/Stufe 3 kochen. Vanilleschote herausnehmen und Pudding in eine Schüssel umfüllen. Das Eiweiß im sauberen Mixtopf (mit Rühraufsatz) 2-2 1/2 Min./Stufe 4 steif schlagen und unter den Pudding heben.

Apfel-Birnen-Mus

Zutaten für 4 Portionen:

- 500 g Birnen
- 500 g Äpfel (schälen, grob würfeln)
- 100 g Zucker
- 2 EL Honig
- etwas Zitronensaft
- etwas Zimt
- eine halbe Tasse Wasser

Zubereitung:

1. Alles in den Thermo Multikocher geben.
2. Für 10 Minuten bei 100 Grad auf Stufe eins Mixen. Anschließend 30 sec. auf Stufe eins.
3. Etwas abkühlen lassen und dann nochmal 30 Sekunden auf Stufe 10. So wird es sehr fein.

Reispudding mit Obst

Zutaten für 4 Portionen:

- 1 Liter Milch
- 150 g Milchreis
- 1 Pck Puddingpulver
- 1 kleine Dose Mischobst

Zubereitung:

1. 5 EL Milch beiseite nehmen. Milch und Reis auf Stufe 2 bei 90°C ca 35 Minuten kochen. Restliche Milch mit dem Zucker und dem Puddingpulver schön verrühren und zum Reis dazugeben und aufkochen lassen. Dessertschalen mit kalten Wasser ausschwenken. Boden mit Obst auslegen, Reispudding auffüllen und 2 Stunden kalt stellen. Vor dem servieren stürzen.

Bounty/Milky Way/Snickers-Aufstrich

Zutaten:

- 250 g Snickers/Milky Way/Bounty
- 100 g Sahne
- 50 g Butter

Zubereitung:

1. Die Schokoladen auf Stufe 4 zerkleinern.
2. Sahne und Butter zugeben und bei 60 °C auf Stufe 2 ca 3:30 Minuten verrühren.
3. Fertig.

Bananen-Smoothie

Zutaten:

- 2 Bananen
- 250 g Naturjoghurt
- 2,5 Esslöffel Puderzucker oder nach belieben
- 12 Eiswürfel

Zubereitung:

1. Alle Zutaten in den Thermo Multikocher geben und volle Pulle auf P.
2. So lange mixen, bis man seine gewünschte Textur erhalten hat.

Köstliche Bananenmilch

Zutaten:

- 1 Banane
- 250 ml Milch
- 1 Tüte Vanillinzucker
- 2 Teel. Kokosraspeln
- 1 - 2 Eiswürfel

Zubereitung:

1. Banane im Mixtopf ca. 4 Sekunden mit der Powertaste pürieren. Milch, Vanillinzucker und Kokosraspeln zugeben und 6 Sekunden auf Stufe 10 vermischen.

Herrliche Dampfnudeln

Zutaten für 2 Portionen:

- 1/2 Würfel frische Hefe
- 25 g Zucker
- 1 Pck. Vanillezucker
- 1 TL Salz
- 1 EL Öl
- 1 Ei
- 300 g Mehl
- 150 ml Milch

Zubereitung:

1. Hefe, Milch und Vanillezucker in den Topf des Thermo Multikochers geben für 1:30 Minuten bei Stufe 3 bei 40 Grad bearbeiten.
2. Mehl, Ei, Öl, Zucker und Salz hinzugeben und für 30 Sekunden auf Stufe 6 verarbeiten.
3. Den Teig nun zu 4 Dampfnudeln formen und in den Vapore/Varoma legen und gute 30 Minuten gehen lassen.
4. 500 ml Wasser in den Topf geben. Vapore/Varoma draufsetzen. 20 Minuten/120°C/Stufe 1 garen und fertig sind sie.

American Pancakes

Zutaten für 15–16 Stück:

- 2 Eier
- 350 ml Milch
- 50 ml Öl
- 300 g Mehl
- 2 EL Zucker (40 g)
- 1 Pkt. Backpulver
- 1/2 TL Salz

Zubereitung:

1. Eier, Milch und Öl für 5 Sekunden auf Stufe 5 verrühren.
2. Mehl, Zucker, Backpulver und Salz dazugeben und für weitere 15 Sekunden auf Stufe 5 verrühren.
3. Pfannkuchen in einer Pfanne bei mittlerer Hitze ausbacken (wenn die ersten Blasen aufplatzen, umdrehen).

Frisches Apfelmus

Zutaten:

- 1 kg Äpfel, geschält, entkernt
- 100 ml Apfelsaft, naturtrüb
- 3 EL Rohrohrzucker
- 1 EL Vanillezucker
- 20 g Zitronensaft
- 1/2 TL Zimt

Zubereitung:

1. Äpfel vierteln und in den Mixtopf geben. Apfelsaft, Zucker, Vanillezucker, Zitronensaft und Zimt zufügen.
2. Nun alles für 15 Minuten bei 100 °C auf Stufe 2 kochen. Anschließend 30 Sekunden auf Stufe 5 pürieren.
3. In heiß ausgespülte Gläser füllen, verschließen und im Kühlschrank abkühlen lassen.

Schokopudding zum Verlieben

Zutaten für 4 Portionen:

- 50 g Vollmilchschokolade
- 50 g Zartbitterschokolade (50 % Kakao)
- 500 ml Milch
- 35 g Speisestärke

Zubereitung:

1. Die Schokolade in Stücken in den Mixtopf geben und für 10 Sekunden auf Stufe 5 zerkleinern. Die Milch und die Speisestärke zufügen und 15 Minuten bei 100 °C auf Stufe 2 kochen.
2. Anschließend 30 Minuten auf Stufe 2 rühren, bis der Pudding etwas abgekühlt ist. In Gläser füllen, im Kühlschrank auskühlen lassen und servieren.
3. Geht einfach und schmeckt.

Köstliches Erdbeer-Bananen-Eis

Zutaten für 6 Portionen:

- 500 g Erdbeeren
- 500 g Banane
- 1 Zitrone, davon der Saft
- 2 EL Honig
- 400 ml Sahne oder Milch
- 1 Pck. Vanillezucker

Zubereitung:

1. Die Erdbeeren gründlich waschen, putzen und halbieren. Die Bananen schälen und ein etwas kleiner Schneiden, zusammen mit dem Zitronensaft in eine gefriergeeignete Schüssel geben und einfrieren. Am besten über Nacht. Ein paar Stunden gehen aber auch.
2. Das gefrorenen Obst, Sahne/Milch, Vanillezucker und Honig in die Mixtopf geben und auf Stufe 10, für 1:30 Minute pürieren, nach 1 Minuten mal nachschauen und evtl. das Obst bisschen nachschieben.

Köstlicher Schokobon-Aufstrich

Zutaten:

- 200 g Konfekt (Kinder-Schokobons)
- 70 g Butter, weich
- 70 g Sahne

Zubereitung:

1. Die Schokobons in den Mixtopf geben und für 10 Sekunden auf Stufe 10 zerkleinern.
2. Dann 5 Minuten / 50 °C / Stufe 2 rühren, anschließend 10 Minuten / Stufe 2 kalt rühren, damit sich das Fett nicht oben absetzt.
3. In ein Glas füllen und im Kühlschrank aufbewahren.

Kinderschokoladen-Aufstrich

Zutaten:

- 200 g Kinder-Schokoriegel
- 60 g Butter
- 30 g Sahne

Zubereitung:

1. Die Schoko-Riegel im Mixtopf mittels der Turbo-Taste (ca. 3 - 4 Mal betätigen) zerkleinern. Sahne und Butter zufügen und 5 Minuten bei 37 °C Stufe 3 schmelzen. Dann auf Stufe 5 weitere 5 Minuten ohne Temperatur kalt rühren und in ein Glas füllen.
2. Schmeckt einfach lecker.

Holunderbeer-Ingwer-Vanille-Sirup

Zutaten:

- 150 g Ingwer, frisch
- 1 Liter Holundersaft
- 1 Zimtstange
- 2 Pck. Orangenzucker
- 2 EL Zitronensäure
- 1 kg Zucker
- 1 Vanilleschote, Vanilleextrakt oder Vanillezucker

Zubereitung:

1. Zuerst den Ingwer gut waschen, mit einem Messer ggf. grob zerkleinern und in der Maschine auf Stufe 6 / 15 sec hacken.
2. Anschließend den Saft, die Zimtstange und den Orangenzucker hinzufügen und 20 min auf Stufe 2 bei 80 Grad erhitzen. Danach filtrieren.
3. Den Mixbecher reinigen, den Saft wieder einfüllen und mit 1 kg Zucker, Vanilleschote (aufgeschnitten und das Mark ausgekratzt) oder Vanilleextrakt bzw. Vanillezucker nach Geschmack und 2 EL Zitronensäure nochmals 5 min auf Stufe 2 bei 80 Grad erhitzen.
4. Abschließend den heißen Sirup in saubere Glasflaschen füllen.

Unvergesslicher Nimm 2 Likör

Zutaten:

- 8 Bonbon, Nimm 2 gelb
- 8 Bonbon, Nimm 2 orange
- 350 g Orangensaft
- 175 g Wodka

Zubereitung:

1. Die ganzen Nimm 2 Bonbons 10 Sekunden auf Stufe 10 im Mixtopf zerkleinern. Den Wodka und den Orangensaft dazugeben und 10 Minuten bei 70 °C auf Stufe 2 kochen lassen. Anschließend in eine Flasche füllen und abkühlen lassen.
2. Schmeckt einfach genial.

Brownie Cheesecake

Zutaten für 4 Portionen:

- **Zutaten für den Brownieteig:**
- 100 g Zartbitterschokolade
- 70 g Butter
- 2 große Eier
- 50 g brauner Zucker
- Prise Salz
- 3 EL Mehl (Type 405)
- **Zutaten für die Käsekuchenmasse:**
- 100g Frischkäse
- 50g Zucker
- 1 großes Ei
- 1/2 TL Vanille Extrakt
- **Zutate für die Dekoration:**
- frische Beeren
- geraspelte Schokolade

Zubereitung:

1. Die Schokolade in Stücke brechen und in den Mixbehälter des Multikochers geben und mit eingesetztem Messbecher für 10 Sekunden auf Stufe 10 zerkleinern. Die Butter dazugeben und für 5 Minuten auf Stufe 1/50°C schmelzen. Die Eier, Zucker und Salz dazugeben und für 50 Sekunden auf Stufe 4 verrühren lassen. Das Mehl dazugeben und für 20 Sekunden auf Stufe 5 verrühren. Die Masse dann auf 4 hitzebeständige, gefettete Gläser verteilen. Den Mixbehälter reinigen und wieder in die Maschine einsetzen.
2. Für die Käsekuchenmasse den Frischkäse, Zucker, Ei und Vanille-Extrakt in den Mixbehälter geben und mit eingesetztem Messbecher für 40 Sekunden auf Stufe 4 mixen. Die Masse in die Gläser auf die Brownie-Schicht füllen und dann die Gläser mit hitzebeständiger Frischhaltefolie verschließen (am besten mit einem Gummiring). Zur Seite stellen.
3. Den Mixbehälter nun erneut reinigen, zurück in die Maschine stellen und dann 1 Liter heißes Wasser einfüllen. Den Dampfgaraufsatz auf die Mixschüssel aufsetzen, die Gläser hineinstellen, mit dem Deckel abdecken und dann über die Dampfgarfunktion für 55 Minuten garen. Sobald die Zeit abgelaufen ist vorsichtig aus dem Gerät nehmen, die Folie entfernen und auf einem Kuchengitter abkühlen lassen. Mit Beeren und geraspelter Schokolade dekorieren und servieren.
4. Lass dir den Kuchen gut schmecken.

Solero Eierlikör

Zutaten für 1 Liter Likör:

- 3 Eigelb, (M)
- 130 g feiner Zucker
- 1/4 TL Vanillepulver
- 1 EL Vanillesirup
- 200 g weißer Rum
- 250 g flüssige Sahne
- Fruchtfleisch 1 Mango
- 150 g Multivitaminsaft
- 1 EL Zitronensaft

Zubereitung:

1. Die ganzen Zutaten in den Mixtopf geben, 30 Sekunden | Stufe 8 pürieren, dann 8 Minuten | 70°C | Stufe 3 erhitzen.
2. In eine Flasche umfüllen und sofort verschließen.
3. Der Likör hält sich im Kühlschrank ca. 4 Wochen.

Klassischer Marmorkuchen

Zutaten für 1 Marmorkuchen:

- 300 g Butter (weiche)
- 290 g Zucker
- 1 P. Vanillezucker
- 1 Prise Salz
- 6 Eier (Größe M)
- 300 g Mehl (Typ 405)
- 1 P. Backpulver
- 30 g Kakaopulver
- **Zudem:**
- Butter und Mehl
- Puderzucker zum Bestäuben

Zubereitung:

1. Die Gugelhupfform schön mit Butter gut einfetten und mit Mehl ausstäuben. Den Backofen auf 175 °C vorheizen. Butter in Stücken, Zucker, Vanillezucker und 1 Prise Salz in den Mixbehälter geben und mit eingesetztem Messbecher 1 Minute/Stufe 4 schaumig rühren. Die Eier nun dazugeben und mit eingesetztem Messbecher 30 Sekunden/Stufe 4 verrühren. Mehl mit Backpulver mischen, über die Butter-Zucker-Mischung sieben und mit eingesetztem Messbecher 30 Sekunden/Stufe 4 zu einem glatten Teig verarbeiten. Mit dem Spatel an der Innenwand des Mixbehälters nach unten schieben und erneut mit eingesetztem Messbecher 15 Sekunden/Stufe 4 verrühren.
2. Die Hälfte des Teiges in die Backform gießen. Zum restlichen Teig das Kakaopulver sieben und mit eingesetztem Messbecher 30 Sekunden/Stufe 4 glatt rühren. Auf den hellen Teig in die Form gießen.
3. Jetzt eine Gabel von unten nach oben spiralförmig durch den Teig ziehen, sodass eine schöne Marmorierung entsteht. Den Kuchen nun 1 Stunde im Backofen backen. Mit einem Holzspießchen eine Stäbchenprobe durchführen und die Backzeit gegebenenfalls verlängern.
4. Nur mehr den Kuchen herausnehmen und 20 Minuten in der Form ruhen lassen. Aus der Form lösen und auf einem Kuchengitter auskühlen lassen. Zum Schluss noch mit Puderzucker bestäuben.

Schokoladen Crinkle Cookies

Zutaten für ca. 40 Stück:

- 50 g Öl
- 2 Eier (M)
- 180 g Zucker
- 60 g Backkakao
- 1 TL Vanille Extrakt
- 125 g Mehl
- Prise Salz
- 1 TL Backpulver
- **Zudem:**
- Puderzucker zum Wälzen

Zubereitung:

1. Öl und Eier in den Mixtopf des Multikochers geben, 30 Sek. / Stufe 4 verquirlen.
2. Zucker, Kakao und Vanille Extrakt zugeben, 45 Sek. / Stufe 3 mischen.
3. Mehl, Salz und Backpulver, 40 Sek. / Stufe 4 untermengen.
4. Die Masse in Klarsichtfolie für mindestens 4 Stunden in den Kühlschrank geben.
5. Mit einem Teelöffel oder Teigportionierer etwa haselnussgroße Stücke abnehmen, zu Kugeln rollen und in Puderzucker wälzen.
6. Auf mit Backpapier ausgelegte Backbleche setzen und im vorgeheizten Backofen bei 180° O/U-Hitze ca. 10-12 Minuten backen.

Toller Hefezopf

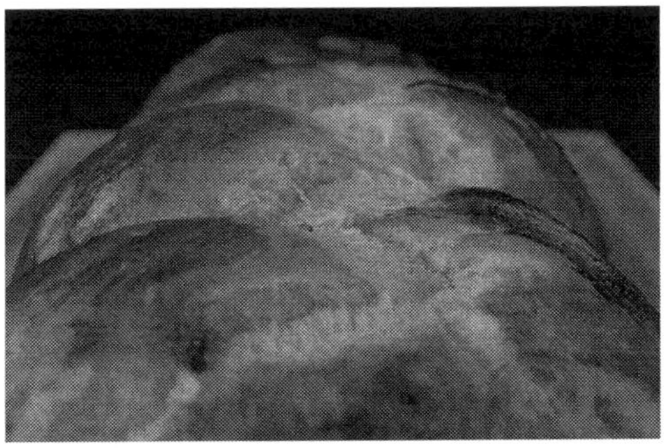

Zutaten:

- 250 ml zimmerwarme Milch (Frischmilch, 3,5 % Fett)
- 60 g Zucker
- 50 g Butter
- 25 g frische Hefe
- 450 g Mehl (Type 405)
- 1 Ei (M)
- 1 Prise Salz
- 1 Bio Zitrone (1 El abgeriebene Schale)
- **Zudem:**
- Mehl für die Arbeitsfläche
- Butter zum Einfetten
- 1 Eigelb und 2 El Milch zum Bestreichen
- 1 Handvoll Mandelblättchen

Zubereitung:

1. Zimmerwarme Milch, Zucker und Butter in den Mixbehälter geben, die Hefe hineinbröckeln und alles mit eingesetztem Messbecher 3 Minuten/Stufe 2/37 °C erwärmen.
2. Die restlichen Zutaten für den Teig in den Mixbehälter geben und mit eingesetztem Messbecher mit der Teigknet-Taste/2 Minuten zu einem tollen glatten Teig verarbeiten.
3. Den Teig in eine mit Butter eingefettete Schüssel geben, mit einem feuchten Küchentuch abdecken und an einem warmen Ort 1 Stunde gehen lassen (das Volumen soll sich ca. verdoppeln).
4. Den Backofen jetzt auf 200 °C vorheizen und eine Auflaufform mit Wasser auf den Backofenboden stellen. (Alternativ die Fettpfanne mit Wasser gefüllt auf unterster Schiene in den Backofen schieben.) Ein Backblech mit Backpapier auslegen. Den Teig in drei möglichst gleich große Stücke teilen und jedes Stück zu einer Rolle von etwa 45 cm Länge formen. Die drei Rollen nebeneinander legen, oben leicht zusammendrücken, dann abwechselnd die linke und die rechte Rolle über die Mitte legen und auf diese Weise bis zum Ende des Teiges einen schönen Zopf flechten. Am Ende den Teig wieder leicht zusammendrücken.
5. Nun Eigelb und Milch in einer kleinen Schüssel mit einer Gabel verquirlen. Den Zopf mit dem Eigelb-Milch-Gemisch bestreichen, mit den Mandelblättchen bestreuen und 30 Minuten backen. Ggf. nach 25 Minuten Alufolie über den Zopf legen, damit er nicht zu dunkel wird.

Marzipankartoffeln zum Verlieben

Zutaten:

- 200 g gehackte Mandeln
- 200 g Puderzucker
- 1/2 Fläschchen Bittermandelaroma
- 20 ml Rosenwasser
- 20 ml Wasser
- 1 EL Backkakao
- 1 EL Kaba

Zubereitung:

1. Die Mandeln 20 Sec / Stufe 7 hacken. Puderzucker, Aroma, Rosenwasser und Wasser zugeben und 2,30 min/ Knetstufe verkneten. Mit einem Löffel immer portionsweise aus dem Mixbehälter entnehmen und zu schöne gleichgroße Kugeln formen. Den Kakao mischen und die Kugeln darin wälzen.

Erdbeertiramisu

Zutaten für 1 Tiramisu:

- 300 g Löffelbiskuit
- 500 g frische Erdbeeren
- 50 g Puderzucker
- 10 g Zitronensaft
- 30 g Orangenlikör
- zum Garnieren: 500 g Erdbeeren
- 30 g Zitronensaft
- 100 g Zucker
- 500 g Mascarpone
- 200 g Magerquark
- 100 g Milch

Zubereitung:

1. Erdbeeren, Puderzucker, Zitronensaft und Orangenlikör in den Mixtopf geben. 15 sec / St. 4 pürieren, danach umfüllen. Zitronensaft, Zucker, Mascarpone, Quark und Milch in den Mixtopf geben und 1 min / St. 6 (ev. mit Hilfe des Spatels) aufschlagen. Die Hälfte der Löffelbiskuit in eine flache Auflaufform legen und mit der Hälfte des Erdbeerpürees schön bestreichen, darauf ca. 250 g kleingeschnittene Erdbeeren geben und dann darauf die Hälfte der Mascarponecreme streichen. Die zweite Schicht: Löffelbiskuit, Erdbeerpüree, Mascarponecreme und dann mit den restlichen Erdbeeren verzieren.
2. Mind. 8 Std. im Kühlschrank durchziehen lassen.

Birnen-Rotweincreme mit Ingwer

Zutaten für 4 Portionen:

- 400 g Birnen
- 10 g Ingwer
- 125 ml halbtrockenen Rotwein
- 5 Blatt Gelatine
- 1 Messerspitze abgeriebene Zitronenschale
- 1 Prise Zimt
- 1 Prise Anis
- 60 g Zucker
- 200 ml Sahne

Zubereitung:

1. Ingwer schälen und ihn für 8 Sekunden bei Stufe 6 und 0 Grad in den Multikocher geben. Nun gebe den Rotwein, Zimt, Anis, Zucker und die abgeriebene Zitronenschale dazu und lasse alles 3 Minuten bei 100 Grad Celsius und auf Stufe 1 aufkochen.
2. In der Zwischenzeit weiche die Gelatineblätter in kaltem Wasser ein und wasche und entkerne die Birnen. Sobald die Flüssigkeit im Multikocher köchelt, gebe die Birnen dazu und lasse sie 8 Minuten bei 70 Grad auf Stufe 1 dünsten.
3. Nun drücke vorsichtig die Gelatine-Blätter mit den Fingern aus und gebe sie in den Thermo Multikocher, den du dann nochmal für 3 Minuten auf 30 Grad und Stufe 1 stellst. Anschließend gebe nochmal richtig Gas, für 15 Sekunden auf Stufe 6 bei 0 Grad. Dann siebe alles durch ein feines Sieb in eine Schüssel (am besten mit verschließbarem Deckel).
4. Stelle nun die Schüssel für einige Stunden in den Kühlschrank. Auf jeden Fall muss das Ganze kalt werden, damit die Gelatine ihren Job machen kann und alles fester wird.
5. Sobald alles kalt und fest haben, verrühre es zu einer glatten Creme und schlage in einem anderen Gefäß Sahne steif. Diese hebe dann gleichmäßig unter, fülle die Rotweincreme mit Ingwer in ein Gefäß und garniere den Spaß zum Beispiel mit einer Birne und einem Minzeblatt.

Himmlischer Zitronenkuchen

Zutaten:

- 160 g Zucker
- 240 g Mehl
- 1 Pck. Vanillezucker / evt. 1 Teel. eigene Herstellung
- 1 Pck. Backpulver
- 1 ger. Schale einer Bio Zitrone
- Prise Salz
- **Zutaten für den Guß:**
- halbe Zitrone, den Saft davon
- 50 -100 g Puderzucker
- Fett und Paniermehl für die Form 26x13 cm

Zubereitung:

1. Zuerst den Rühraufsatz anbringen.
2. Die Zutaten von flüssig nach trocken (nicht den Zitronesaft und den Puderzucker) in den Mixtopf geben. Nun 40 Sek/Stufe 4 vermengen. Dann mit den Spatel Masse vom Rand nach unten schieben und 10 Sek/Stufe 4 vermengen. Masse in eine gut gefettete und mit Paniermehl bestäubte kleinere Kastenform füllen. Im nicht vorgeheizten Ofen bei 160 °/ Heißluft, 45 Minuten, mittig schön backen lassen.
3. **Zubereitung für den Guß:**
4. Den Kuchen nach dem Erkalten Löcher. mit Stäbchen oben hineinstechen mit einer Zuckerglasur versehen. Dazu ca. 4-6 Teel. Zitronensaft mit soviel Puderzucker verrühren, bis eine schöne zähflüssige Zuckercreme entsteht. Damit den kalten Zitronenkuchen bepinseln.

Milchreis

Zutaten für 4 Portionen:

- 1 Liter Milch
- 50 g Zucker
- Prise Salz
- 200 g Reis (Milchreis)

Zubereitung:

1. Milch, Zucker und Salz in den Mixtopf geben und für 8 Min./100°/Stufe 1 aufkochen.
2. Den Milchreis zugeben und für 30 Min./90°/Stufe 1 ohne Messbecher garen. Anschließend den Milchreis in eine Schüssel umfüllen und weitere 15 Minuten quellen lassen.

Herrliche Pfannkuchen

Zutaten für 4 Portionen:

- 500 g Milch
- 3 Eier
- etwas Salz
- 300 g Mehl
- 1 TL Backpulver
- wenig Fett zum Braten

Zubereitung:

1. Milch, Eier und Salz in den Mixtopf geben und für 15 Sek. auf Stufe 4 verrühren. Mehl und Backpulver zugeben und für 15 Sek. auf Stufe 4 unterrühren. Den Pfannkuchenteig ca. 30 Minuten ziehen lassen.
2. Danach in einer Pfanne portionsweise mit etwas Fett schöne ausbacken.

Feines Schokomousse

Zutaten für 4 Portionen:

- 50 g Schokolade, (Vollmilchschokolade)
- 80 g Getränkepulver, (Nesquik, Kaba)
- 40 g Kakaopulver
- 500 g Sahne, gut gekühlt

Zubereitung:

1. Vollmilchschokolade in den Thermo Multikocher geben und für 10 Sek. auf Stufe 10 zerkleinern (evtl. etwas länger bzw. kürzer, es sollen feine Stückchen entstehen). Jetzt Nesquick und Kakaopulver hinzufügen und für 2 Sek auf Stufe 10 mischen, dann die Sahne hinzugeben und etwa für 15-20 Sek. auf Stufe 6 aufschlagen.
2. Geht sehr schnell und schmeckt einfach.

Schokovulkan

Zutaten für 4 Portionen:

- 175 g Schokolade, dunkle
- 170 g Butter
- 3 Eigelb
- 3 Eier
- 60 g Zucker
- 50 g Mehl

Zubereitung:

1. Die Schokolade in den Mixtopf geben und 20 Sekunden auf Stufe 4 bis 10 aufsteigend zerkleinern. Die Butter nun zugeben und mit der Schokolade 3 Minuten bei 80 °C auf Stufe 2 schmelzen.
2. Eier, Eigelb und Zucker zugeben und 30 Sekunden auf Stufe 3 vermischen. Zum Schluss das Mehl zugeben und 15 Sekunden auf Stufe 3 vermischen.
3. Die Masse in Souffléförmchen oder gewöhnliche Kaffeetassen füllen und in den Varoma stellen. Den Mixtopf mit 1 l Wasser befüllen und 25 Minuten im Varoma auf Stufe 1 aufsetzen.
4. Wenn du die Vulkane stürzen möchtest, dann butter und bemehle die Förmchen vorher.

Veganer Einback

Zutaten für 12 Stück:

- 220 g Kokosmilch oder Mandelmilch
- 1 Beutel Trockenhefe
- 50 g Zucker
- 1 TL Salz
- 50 g Margarine, vegane
- 500 g Mehl
- 2 EL Sojamilch (Sojadrink), Vanillegeschmack, zum Bestreichen

Zubereitung:

1. Kokosmilch, Hefe und Zucker in den Mixtopf des Thermo Multikochers geben. 3 min. bei 50 °C auf Stufe 3 mixen. Salz, Margarine und Mehl hinzufügen und 3 1/2 Min. auf Brotteigstufe miteinander verrühren. Den Teig ca. 1 Stunde gehen lassen.
2. 12 Rollen formen, dicht nebeneinander auf ein Backblech legen. 15 Min. bei 50 °C im Ofen gehen lassen, mit Vanillesojamilch bestreichen und 15 Min. bei 200 °C (Ober-/Unterhitze) backen.

Salty Caramel-Eiscreme

Zutaten für 4 Portionen:

- 250 g brauner Zucker
- 50 g Ahornsirup
- 50 g Butter
- 1/2 Vanilleschote, das Mark davon
- 2 TL Salz
- 100 g Milch
- 500 g Sahne
- 4 Eier

Zubereitung:

1. Eine Metallschüssel in den Gefrierschrank zum Vorkühlen stellen.
2. Den Zucker 15 Sek. auf Stufe 9 in den Mixtopf geben und dann Ahornsirup, Butter und das Vanillemark in den Mixtopf, auf 15 Min/Varoma/Stufe 1 stellen. Dann das Salz, die Milch und die Sahne dazu, 30 Sek/Stufe 5. Die 4 Eier dazu und nochmal 20 Sek/Stufe 4 verrühren, dann 5 Min/Stufe 4/80° einstellen. Dann alles in die kalte Metallschüssel geben und ab in Gefrierschrank damit.
3. Nach ca. 4 Stunden nochmal ab in den Mixtopf (1 Minute/Stufe 5) dadurch wird es noch cremiger.

Danke

Wir möchten uns bei Dir bedanken, dass Du Dich für dieses Buch entschieden hast. Wir hoffen, dass Dir die Rezepte gefallen haben und wir wünschen Dir alles Gute.

Gerichte Welt

Impressum

Fabian Magrutsch
Schönngasse 13/30
1020 Wien

Printed by Amazon Italia Logistica S.r.l.
Torrazza Piemonte (TO), Italy

21966446R00048